U0851204

南粤清风小丛书

廉洁风土

山川胜迹卷

南粤清风小丛书编委会 编著

南方日报出版社
NANFANG DAILY PRESS
中国·广州

图书在版编目（CIP）数据

廉洁风土 ： 山川胜迹卷 / 南粤清风小丛书编委会编著. -- 广州 ： 南方日报出版社， 2025.5. --（南粤清风小丛书）. -- ISBN 978-7-5491-2940-9

Ⅰ. K928.706.5

中国国家版本馆CIP数据核字第2024L3A760号

LIANJIE FENGTU

廉洁风土：山川胜迹卷

编　　著：南粤清风小丛书编委会
出版发行：南方日报出版社
地　　址：广州市广州大道中 289 号
出 版 人：周山丹
策划统筹：阮清钰
责任编辑：李嘉荟
装帧设计：肖晓文
责任校对：阮昌汉　符文达
责任技编：王　兰
经　　销：全国新华书店
印　　刷：广州市岭美文化科技有限公司
成品尺寸：120mm×200mm
印　　张：3
字　　数：48 千字
版　　次：2025 年 5 月第 1 版
印　　次：2025 年 5 月第 1 次印刷
定　　价：16.00 元

投稿热线：（020）87360640　读者热线：（020）87363865
发现印装质量问题，影响阅读，请与承印厂联系调换。

总序

天地有正气　南粤拂清风

加强新时代廉洁文化建设是打赢反腐败斗争攻坚战持久战，一体推进“三不腐”的基础工程。2024年年初在广州召开的十三届省纪委三次全会，提出要推动新时代廉洁文化建设出新出彩，建设清廉广东。

习近平总书记指出：“研究我国反腐倡廉历史，了解我国古代廉政文化，考察我国历史上反腐倡廉的成败得失，可以给人以深刻启迪，有利于我们运用历史智慧推进反腐倡廉建设。”新时代廉洁文化建设，清廉广东建设，需要汲取中华优秀传统文化中的廉洁思想营养，尤其是古代廉政文化。

以广东为发祥地和中心地的岭南文化，是中华优秀传统文化的重要组成部分，蕴藏着丰富多彩的廉洁文化基因，培育了一大批生长于斯、尚廉行洁的优秀先贤廉士，其中有持身养正的廉官，也有一心为民的公仆；有勤政务实的能吏，也有谨严治事的严官；有正大刚方的直臣，也有世传清白的家族，等等。

近年来，我社与广东省纪委监委、省委宣传部、省文明办等共同编撰出版了《南粤清风——广东古代清官故事》《廉润南粤》《勤廉风范》以及“岭南好风尚”丛书、“我们的价值观十二讲丛书”等一批倡廉文化图书，涵养新时代共产党人的从政品德和良好家风。

基于上述图书编写经验积累和创新表达探索，我们策划了这套“南粤清风小丛书”，其宗旨与前述作品始终一以贯之，即在于挖掘南粤大地的廉洁文化基因，并加以创造性转化和创新性发展，为清廉广东建设提供助力。

“南粤清风小丛书”一套5种，分别为《廉洁风土：山川胜迹卷》《廉洁风物：物华特产卷》《廉洁风规：家训官箴卷》《廉洁风雅：诗词歌赋卷》《廉洁风度：南粤先贤卷》，旨在通过与廉洁文化相关的地理、物产、训箴、诗歌、先贤故事等展现南粤大地源远流长、丰富绚烂的廉洁文化，打造新时期廉洁文化普及性便携读本。

顾名思义，本套丛书的题眼是“风”。这“风”的意象来自《论语》中的“君子之德风”，风行草必偃。正所谓天地有正气，南粤拂清风。我们冀望廉洁文化的清风吹拂岭南大地，俾使广大党员干部厚植廉洁风土，滋养廉洁风物，秉持廉洁风规，浸润廉洁风雅，涵养廉洁风度，推动培植岭南政治生态的青山绿水。

总而言之，本套丛书主要有三个特点：

首先，立足于“粤”，注重地方性与普遍性的相融。丛书案例的第一标准即是凸显广东特色。这里所选的清官廉吏、地理特产、训箴诗词等，都与广东密切相关，将其辑录成册，可作为全省各地市的地方文化读物，进学校、进祠堂、进书院、进新时代文明实践中心等。同时又不拘泥于必须发生于粤地或必定是粤人，而是延展其普遍性和经典性原则，如《陋室铭》《爱莲说》等诗文并不创作于广东，但因其作者与广东的密切关系，且对广东有着深厚的影响，我们也将其纳入《廉洁风雅》中加以赏析。

其次，主题在“清”，兼顾教育性与趣味性的结合。本丛书侧重点就是清风、廉洁，梳理广东近代以前的清官英贤以及近现代革命英烈等，题材严肃庄重，其编写必须甄别真实性，注重教育意义和现实影响。但与此同时，我们力避其枯燥性和说教味，在编写中通过不同的题材组装和编辑手段，从地理、风物、训箴、诗词、人物等不同面向来包装和讲述，不断增强亲和力、吸引力、感染力，使其具有不一样的阅读感和贴近性。

最后，形式落“小”，达到故事性与知识性的统一。丛书不求厚重、不求详尽，而是注重小而美，小而易读，小而有趣，小而有知，内容轻松易读，形式典雅便携。5种图书虽从不同面向进行架构，但其讲述形式则是一致的，也就是以讲故事的方式进行，讲好广东的清官故事，增强其可读性，融入知识性。书中通过相关栏目设置链接了不少文化、历史、地理、科普常识等，使之内容具有更为丰富的表达，以此达到润心化人的作用。

“以铜为镜，可以正衣冠；以古为镜，可以知兴替；以人为镜，可以明得失。”本书既可供广大党员干部作为廉洁从政、修身立德的党政文化读物，也可作为广大青少年了解乡土、学习先贤的特色地方读本。

本丛书的编写和出版得到了省委宣传部、驻省委宣传部纪检监察组的指导和支持，被列入2024年省直宣传系统加强新时代廉洁文化建设工作任务清单的“主题图书出版”项目，在此致以衷心的感谢！

本书编委会

2024年12月

目录

壹　山水清音

贰　园林清气

叁　胜迹廉风

肆　古村仰贤

壹

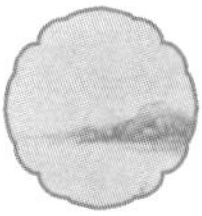

山水清音

鼎湖砚洲岛：包拯“掷砚成洲”

地理小志

鼎湖砚洲岛，位于广东省肇庆市鼎湖区鼎湖山南部，面积约六平方公里，为西江流域最大的江心岛，因宋朝名臣包拯“掷砚成洲”的传说而得名。

砚洲岛

该岛四面环水，犹如浮于江中之端砚，岛上风景优美，绿树葱茏，土地肥沃，植被丰富，还有包公楼、陈焕章故居等人文景观与适合游客亲水娱乐的金沙滩，使游客在亲近自然、纵情娱乐的同时了解当地深厚的历史底蕴。如今，砚洲岛已被开发为生态休闲度假区，吸引着众多游客前来观光旅游，领略包公的清廉文化。

溯古访廉

作为肇庆市旅游“山（鼎湖山）、湖（七星湖）、岛（砚洲岛）”格局之重要组成部分，砚洲岛在西江之中静静地躺了几百年，至今依旧向我们诉说着这片土地的故事。

关于这座岛，有一个美丽的传说。北宋康定元年（1040），一代清官包拯（999—1062）任职端州（今广东省肇庆市），三年期满后乘船离开任地，经过羚羊峡时狂风骤起、波涛澎湃。经询问得知，曾有砚工为感谢包拯在端州体恤民情、造福百姓，特赠予一方端砚以表敬意，而包公的手下认为不过是一方石砚，便擅自收下了。听闻此事后，包公即刻命人将端砚投入江中，江面竟恢复了平静。传说包公投掷端砚之处，隆起了一块小洲。此即为民间广为流传的“包公掷砚成洲”一事，也诠释着砚洲岛之名的来历。

传说之所以为传说，必有诸多夸张不实之处，“掷砚成洲”的背后实为大自然的长期作用。从地理上分析，砚洲岛位于西江羚羊峡下游，河道由窄转宽、流速由快转慢后，河流挟沙能力减弱，泥沙在此堆积，久之便形成了陆地，这是砚洲岛在自然意义上的来历。然而，传说背后传递的人文价值不可忽视。包拯在端州任上为百姓做了一系列实事，还留下了“不持一砚”的清廉美名，端州因他而政清人和、欣欣向荣。因此，“掷砚成洲”的故事，承载着当时百姓对包公的感激以及后人的无限景仰与缅怀。

从古时人们设祠祭拜到如今鼎湖区对廉政文化的大力宣扬，包公的两袖清风一直吹拂在这座小岛上。砚洲岛如今已成为鼎湖区纪委重点打造的廉政文化教育基地。每年都有众多单位和组织前往该岛开展主题党日活动，通过参观包公楼等建筑重温包公事迹，感受包公“孝忠、民本、刚正、清廉”的思想。

除包公廉政文化外，砚洲岛也承担着弘扬儒家文化、家规家训文化与农耕文化的责任。岛东建有包公楼，每年农历二月十四，全洲百姓都会备好牲口、香烛、果品等到此祭拜，以庆贺传统节日“包公诞”。岛南有陈焕章故居，向世人叙述着西江大儒的人生。岛上有桑基鱼塘、水乡蕉林、大榕树荫等具有珠三角特色的农家风光，让人得以在现代社会中找寻农耕时代的悠然。在这自然与人文共奏的乐章里，清风徐徐入耳，伴着西江的浪涛声，廉洁便成了这片土地的主旋律，是千百年的故事，亦是今天的歌。

清风名言

包孝肃公家训云：后世子孙仕宦，有犯赃滥者，不得放归本家；亡殁之后，不得葬于大茔之中。不从吾志，非吾子孙。

——〔宋〕吴曾《能改斋漫录》

南海西樵山：
翰林廉杰惟实为民

地理小志

西樵山位于广东省佛山市南海区西樵镇，是广东四大名山之一。此山东临北江下游干道，西临西江下游干道，立于珠江三角洲西部平原之上，不仅风景秀美，拥有众多奇峰、美泉、飞瀑，且人文底

西樵山

蕴深厚，明代理学名儒陈白沙、方献夫等人曾于此设堂讲学，使西樵山成为“理学名山”。在西樵山下有一松塘村被誉为“翰林村”，该村在明清时期诞生了四位翰林、六位进士和数名举人，其中有许多人为政清廉、一心爱民，有“樵山翰林廉杰”之美名。

溯古访廉

“谁信匡庐千嶂瀑，移来一半在西樵。”在广东省佛山市东北部的西樵镇上，一座名山巍然而立。在这座名为“西樵”的山中，有着众多奇峰飞瀑、幽洞清泉，其秀美之风景自古便是此地文人墨客吟咏赞颂的对象。“三湖院外步长堤，堤下三湖印月低。日踏披云台上路，满山开遍杜鹃红。”

美而幽的自然景色伴随着远离世俗的“宜隐”之特色，造就了西樵山深厚的文化根基。自明代始，众多清廉正直之士因厌恶官场的黑暗腐败选择退居于此。在明代理学大师湛若水（1466—1560）来到西樵山创建大科书院和云谷书院后不久，明朝大学士方献夫（1485—1544）在此创办石泉书院，在西樵山掀起一阵讲学之风。方献夫素有清廉之名，在朝时深受皇帝宠爱，却多次申请退休，表明归隐之志，离朝后到此隐居，以学化人，也使清廉之风在此汇聚。除了清正，西樵山还有一道风气名曰“惟实”。岭南心学注重躬身实践，提倡“经世致用”，因此，这座山不仅诞生了伟大的理论家，也走出了许多勇于实践、一心为民的能力者，如维新派的领导者康有为（1858—1927）。西樵士风，或许可以用两个词概括：“正直清廉”与“务实为民”。

随着西樵山学风日盛，山下的松塘村亦涌现出众多人才。他们不仅官名显赫，还将西樵的“廉洁”“惟实”士风再度发扬：返乡二十余载，为地方赈灾、修筑堤堰出谋出力的区玉麟；曾任香港大学中文学系专任讲师，在香港学海书楼开设讲座，传播国学的区大典；带领第四批留学幼童赴美，与康有为首创不缠足会的区谔良；在西江水涨基围崩塌之际，主持筑堤修围筹委会，带领民众筑堤抢种晚稻，渡过难关的区大原。这四位都是从松塘村走出去的英杰，他们刚正不阿、清正廉洁的姿态至今依旧令这座小村的人们为之骄傲。翰林公的故事，在松塘村的宗祠家庙中被一一记载，后人由此得以瞻仰先辈遗风，赓续西樵翰林精神。

今日之西樵，担负起了赓续彼时西樵士风的使命。每年十月三日，松塘村会举办一年一度的民俗文化盛事——“翰林文化节”。拜孔庙、登翰林门、品翰林宴、听翰林故事，一系列异彩纷呈的活动为那些伟岸的身影拂去历史的尘埃，古老的事迹在人们的传诵中具有了生生不息的生命力。

如今，当人们走在西樵山的小径上，仍能感受到曾经的那股清廉之风。因为伟大的精神，永远凌驾于时空之上，横亘千古亦动人心弦。

◆ 清风名言 ◆

贪泉终不易，介石是真操。
按狱平反众，清屯计画劳。
风流兼吏隐，德义在吾曹。
故遣山林脚，随人拥去旄。

——〔明〕方献夫《送黄小江之福建宪副（其二）》

连州巾峰山廉泉：
周敦颐手书“廉泉之源”

地理小志

巾峰山位于清远连州城东，状如头巾。山峰翠色逼人，山上可俯览连州远近景色。廉泉公园位于连州半岭，依山傍水，园区与自然景观高度融合，较大限度保留现有的树、竹、木、花、草、石等自然景观，巧妙地把连州的廉政历史文化和连州的山水自然相结合。廉泉公园上的“廉泉之源”摩崖石

周敦颐留下的“廉泉之源”石刻

刻正是北宋理学家周敦颐手书，是廉泉公园的精髓所在。

溯古访廉

天下名泉何其多。而廉泉，因被历史赋予了为政清廉的深刻内涵，不可不提。廉泉不止一眼，在广东东莞、安徽合肥、江西赣州等地，都有刻着“廉泉”二字的石碑伴着汩汩清泉长流不息。但在广东连州，还有一眼特别的廉泉，这就是“廉泉之源”。

“廉泉之源”位于清远连州市郊巾峰山麓廉泉公园内，因北宋理学鼻祖、《爱莲说》作者周敦颐手书真迹“廉泉之源”摩崖石刻而得名。《连州志》记载：“宋熙宁元年，广东提刑周敦颐游巾山，刻此四字于巾山南麓石壁上，长宽各二尺，字体朴拙而笔笔还丁。”

周敦颐（1017—1073），世称濂溪先生，道州营道(今湖南道县)人，中国北宋五子之一，文学家、哲学家。他曾任广南东路转运判官，由此与连州结缘，其间两次前来巡视和游玩。

连州巾峰山麓有一条古道，古道旁是一口清冽的山泉，泉水一年四季潺潺不绝。当年，周敦颐巡视到此处，便掬水而饮，顿时清流荡怀。在那一刻，连州的廉吏如刘瞻、黄损、孟宾于等身影随着绿水青山一同浮现在他的眼前。而被贬连州的韩愈、刘禹锡似乎也在天地间声声呼唤，唤着他们记挂的百姓，唤着千古不灭的那颗廉心。心潮澎湃的周敦颐命人侍候笔墨，在泉水之侧的石崖上奋笔写下“廉泉之源”四个大字，并命工匠凿入岩石中，既昭古人又示来者。

千百年廉洁文化的浸润，积淀成连州“崇廉、尚廉”的精神内核。作为连州市“廉泉清风”历史教育基地的重要组成部分，廉泉公园将连州丰富的廉洁文化元素植入自然景观中。公园占地约150亩，以周敦颐手书的摩崖石刻“廉泉之源”、明代河南道监察御史曾象乾陵墓牌坊为主体，修建了爱莲池、爱莲亭、周敦颐塑像，修葺了曾象乾牌坊及刚正亭等。融“廉”入景、寓教于乐，使连州清廉之风得以持续传承和发扬。

直至今天，廉泉依然汩汩，清风仍旧习习，“廉泉清风”渐渐成为连州市的一大文化品牌，赓续着濂溪先生的千年风骨。廉泉公园成了清风古今相传的最好见证。自“廉泉清风”历史教育基地投入使用以来，每年都有众多党员干部和群众前来参观学习。

清风名言

老子生来骨性寒，宦情不改旧儒酸。
停杯厌饮香醪味，举箸常餐淡菜盘。
事冗不知筋力倦，官清赢得梦魂安。
故人欲问吾何况，为道春陵只一般。

——〔宋〕周敦颐《任所寄乡关故旧》

陆上百花竞芬芳，碧水潭泮默默香。
不与桃李争春风，七月流火送清凉。

——〔宋〕周敦颐《赞莲》

雷州陆公泉：陆瓒为政清如泉

◆ 地理小志 ◆

陆公泉位于广东省雷州市工业大道北侧，雷阳古驿道旁，以泉水又大又清为特色。该地原为永

陆公泉寺

泉庵所在，庵旁的平地涌泉亦早已有之，后因嘉靖年间雷州知府陆瓒正直廉明，故以此泉之清比陆公为政之清，改称“陆公泉”。光绪十年（1884）永泉庵被重新修葺时改名永泉寺，后改为“陆公泉寺”，里面祀奉着陆瓒等名宦，以纪念他们为雷州所作的贡献。

溯古访廉

在中国历史上，“泉”常常因其清冽特性与为政之“清”相类而被赋予与清廉相关的寓意。在广东省便有数处著名的泉，如连州之廉泉、广州之贪泉等。雷州市这口陆公泉或许不如廉泉、贪泉知名，却同样传递着古今为官者共同坚守的清廉观念。

嘉靖年间的进士陆瓒（1529—1596），号思庵，浙江龙游人，进士出身，一生高风亮节，以“廉洁”二字贯穿始终。无论官居何处，他总能留下勤政为民之嘉誉。嘉靖四十一年（1562），陆瓒任雷州知府，于此留下千古芳名。这位知府大人对百姓宽简仁厚，嘉赏守节有道者，废除以钱赎罪之旧制，并废除自己为官之特权，“在官三载，不携家属，归途行李萧然”。在他的治理下，雷州风气肃清、政通人和，雷州百姓对陆瓒感激不尽。“陆公泉”的传说便承此而来。

关于“陆公泉”的故事，民间流传着两个版本。其一，百姓欢送陆瓒至郡北十五里处，道路上忽然有清泉涌出，众人称该泉之清与陆公相类，故名之“陆公泉”，并在旁边盖起一座亭，取名陆公亭。其二，陆瓒病久难愈，饮此泉后竟恢复了健康，因此雷州人民建设该泉并冠以陆公之名，一则感激该泉使陆瓒久病得愈，二则铭记陆公之功绩、传扬陆公之精神。虽然这些传说或许有演义的成分，却表达了当地老百姓对曾润泽过这片土地的廉官的敬意与缅怀。

陆瓒的影响不止于当时，他的事迹也成了后来人追随的清风。陆公泉一带曾熙熙攘攘，众多文人骚客在此驻足，雷州当地人亦常以《陆泉水心》《雷州陆公泉》等为题作诗、诵诗。“岭南三大清官”之一陈瑸（1656—1718）曾作楹联“去雷城十数里，暂歇歇，吃陆公泉一茶，问日中土俗民情，莫讶僧门亦近市”，由此可见陆公精神的传承赓续。陈昌齐、宋国用等历代乡贤亦留下了许多诗词楹联以表心志。陆公泉虽冠以陆公之名，却不仅仅承载着陆公之“清”，还包含着陆公之后的无数来者之“清”。清泉映廉影，来者皆效清。

此后，陆公泉沉寂了好些岁月。随着雷州经济文化的发展，如今的陆公泉寺又渐渐有了香火，陆公泉边又有了往来游者的身影。人们或为礼佛而来，或为汲取水质奇佳的清泉而来，还有一批人是为追寻陆瓒遗风而来。这股清泉至今甘甜如许，陆瓒的冰心亦随着它潜入后人的心里，润物细无声。

清风名言

陆公为政有循声，留得甘泉共著名。
幽洁自宜高士濯，空明长比使君清。
气通山泽随潮长，品试茶经汲月行。
共道杨雄能奏赋，临流无限古今情。

——〔清〕陈继庆《陆泉水心》

伶仃洋：
文天祥正气流深

◆ 地理小志 ◆

伶仃洋，又称零丁洋、珠江口，是位于广东省内外伶仃岛之间的喇叭形河口湾。伶仃洋东由深圳市赤湾经内伶仃岛，西接珠海市淇澳岛一线，

伶仃洋

南抵港澳，北达虎门，毗邻广州、深圳、珠海、香港、澳门等地区，又有直通东莞虎门和广州南沙的虎门大桥和世界最长的跨海大桥港珠澳大桥，地理位置十分优越。南宋爱国诗人文天祥曾作《过零丁洋》，留下“人生自古谁无死，留取丹心照汗青”的千古名句，彰显其忠孝廉洁之正气。

溯古访廉

“人生自古谁无死，留取丹心照汗青。”祥兴二年（1279）正月，南宋诗人文天祥（1236—1283）被元军元帅张弘范（1238—1280）囚于船中，经过伶仃洋时，张弘范逼迫文天祥向崖山上的宋臣修书招降。彼时崖山是南宋坚守的最后一个据点，文天祥坚决不答应张弘范的要求，故作《过零丁洋》表明自己坚定不移的意志。整首诗悲慨而壮烈，尾联更是成为千古传诵之名句，刻画着文天祥坚贞不屈的脊梁。

在文天祥《过零丁洋》一诗的影响下，零丁洋（伶仃洋）成为家喻户晓的地名，却少有人对其有更深入的了解。伶仃洋水域景色壮丽，游人尤喜在晴朗的天气于外伶仃岛的高处俯瞰伶仃洋，浩瀚的海天给人以游目骋怀之快，千叠浪涛与礁石相撞又颇有“卷起千堆雪”之势。此外，港珠澳大桥、虎门大桥、南沙天后宫等著名地标均位于伶仃洋畔，具有相当高的文旅价值。

除美景外，伶仃洋的人文积淀亦不可忽视。自《过零丁洋》始，这片水域便永久性地烙上了文天祥的名字。这个烙印展现的是他视死如归的爱国热忱，而在这如火般的热忱之外，文天祥还有着如水般的清廉。自从政以来，文天祥便因勤政廉洁而倍受爱戴。德祐元年（1275），元军占领鄂州，文天祥决定以命相抗，疾速起兵，并变卖自己的家产作为急需粮饷。直至受俘时，元世祖用高官厚禄劝他归降，他依旧视死如归、从容就义，这是他用生命坚守忠贞廉洁立起的巍巍旗帜。

基于此，位于伶仃洋边的宝安区建立了文天祥廉政教育馆。该教育馆的前身为凤凰文氏后人筹建的文天祥纪念馆，现今已成为深圳市廉政教育基地。该教育馆分为“家规祖训、彰善瘅恶”“济世爱民、清正廉洁”“危难救国、勇于担当”“忠诚不渝、丹心永铸”“抵御利诱、取义成仁”“正气家风、世代传承”六个部分，全方位地展现文天祥的忠廉。该地已成了附近各单位开展廉洁教育的重要选择，激励党员干部清清白白做人，干干净净做事，坦坦荡荡为官。

清风名言

梅花南北路，风雨湿征衣。
出岭同谁出？归乡如此归！
山河千古在，城郭一时非。
饿死真吾志，梦中行采薇。

——〔宋〕文天祥《南安军》

贰

园林清气

连州燕喜文化园：刘禹锡“功利存乎人民”

◆ 地理小志 ◆

连州燕喜文化园位于广东省清远市连州市的连州中学校园内，是一座具有一千多年历史的岭南名胜园林。文化园内有韩愈题匾的燕喜亭，刘禹锡

燕喜亭

修筑的吏隐亭、切云亭、玄览亭等多座古亭，以及刘禹锡纪念馆、抗战历史文化纪念馆等文化场馆，充分展现其历史文化底蕴。园内林木蓊郁、景致优美，岩壁上还可见元结、刘禹锡、周敦颐、张浚等文人墨客于此游历时留下的石刻，可谓达到了自然与人文的和谐统一。

溯古访廉

在清远市连州市的连州中学内藏有一座文化名园——燕喜文化园，它不仅有着园林的幽趣与雅致，亦承载着厚重的历史与文学底蕴，是廉洁文化的载体，尤与唐代“诗豪”刘禹锡（772—842）有着不解之缘。

燕喜园的历史，最早可追溯至唐代广德年间。它曾是唐代海阳湖的一座普通园林，经元结（719—772）、韩愈（768—824）等人的造访、修筑与题名、作文，渐渐成为充满文人气息的名园。他们赋予了燕喜园无与伦比的文化价值，在嵯峨奇石、碧树繁荫间点缀诗文石刻，使燕喜园成为亮丽的风景线。而刘禹锡的出现，则让这座园林有了更多温度与正气，使廉洁爱民之风与园中草木一同葳蕤。

元和十年（815），刘禹锡被贬为连州刺史。

在任期间，他疏浚了海阳湖，在燕喜园内修筑了吏隐亭、切云亭、玄览亭等古亭，作诗文如《吏隐亭述》《海阳十咏》等九十余篇，并常与好友在此饮酒赋诗、各抒己怀。可以说，古代燕喜园的主体景观与文化地位，至刘禹锡时方才定型。此外，刘禹锡在连州的这四年半时间里，真正做到了他所提出的施政箴言“功利存乎人民”。他深入调查当地民风民俗，积极履职，在瘟疫流行时四处觅药救治百姓，编著《传信方》改变百姓以巫术治病之陋习，同时兴教办学，使得连州文风大振。在他的治理下，连州呈现出欣欣向荣之气象。在他眼里，百姓才是为政之根本，个人境遇在民生面前是那样无足轻重，因而纵使被一贬再贬，他也从未动摇清廉为政、一切为民的初心。

于是，后人常在留下他无数足迹的燕喜园内追寻他的遗风。2011年，刘禹锡纪念馆作为燕喜文化园的主要建筑于园区中央正式落成，该馆主要围绕着刘禹锡“功利存乎人民”的从政观，以国画、雕塑、声光电等多种形式全面展现刘禹锡在连州的政绩，连州刺史刘禹锡在今天以另一种形式与他的百姓再次相遇。连州市还通过纪念馆多渠道传播刘禹锡的廉政思想，开展如摄影展等一系列廉洁活动，并加强相关文化作品的创作，以期更有效地传播清廉精神。此外，园内还有抗战历史文化纪念馆、仰韩桥、燕喜山摩崖石刻群等充满历史温度与人文意义的景点，游者身处其中即可触碰到无数伟大的英魂。

燕喜园作为连州市廉政文化建设的主要资源之一，承担着传递清风之使命。连州市纪委监委依托该园大力开展廉洁文化活动，让“功利存乎人民”更加深入人心。

清风名言

昔贤多使气，忧国不谋身。
目览千载事，心交上古人。
侯门有仁义，灵台多苦辛。
不学腰如磬，徒使甑生尘。
——〔唐〕刘禹锡《学阮公体三首（其三）》

顺德清晖园：
龙氏一族诗礼传家

◆ 地理小志 ◆

顺德清晖园，位于佛山市顺德区大良镇，是岭南四大名园之一，初为明末状元黄士俊的府邸，清朝乾隆年间由进士龙应时购得，经过龙应时及其后

清晖园

代的精心营建，清晖园成了一座集建筑、园林、雕刻等艺术于一身的著名园林。龙家一门数代修心立身、课读诗书、廉洁奉公、勤俭守道，涌现出数位廉政爱民的杰出士人，清晖园因此成为顺德区的廉洁文化基地。

溯古访廉

“小园春晚落花多，日午浓阴客少过”“雨过竹林翠，风来藕叶香”“虚堂旧梦回青嶂，草阁新添挂绿萝”……这些诗句所描绘的景致，颇有江南园林生活的雅趣与闲适。然而，这些诗句的诞生处并非江南，而是岭南。乾隆时期，顺德清晖园的主人龙应时有诗集《天章阁诗抄》，其中许多作品描述了他在清晖园的耕读生活，如诗如画，令人向往。

清晖园，位于顺德大良，与佛山梁园、番禺余荫山房、东莞可园并称“岭南四大园林”。这座园林的历史最早可追溯至明朝万历年间，顺德人黄士俊（1570—1661）高中状元后于天启元年（1621）修筑了天章阁、黄家祠和灵阿之阁，这些祠阁是清晖园最早的踪迹。之后黄家家道中落，庭院渐渐荒废。乾隆年间，顺德大良人龙应时（1716—1800）

中进士后购入天章阁与灵阿之阁，悉心修葺，扩大规模，植花莳草。此后，清晖园皆由龙氏一门掌管。通过数代人的精心营建，清晖园的格局在民国初年基本定型。清晖园的建筑别具特色，融合了岭南建筑的纤巧通透与江南园林的雅致清幽，亭台水榭尽显文人意趣，碧塘垂柳轻诉水韵柔情。

然而，清晖园的魅力远不止于其典雅的园林风景，更在曾生活于其中的人。龙氏是“一门六进士”的诗书名门，更是具有社会关怀的清廉世家。在强调诗礼传家的同时，龙氏家族还十分重视勤勉务实、躬行实践，要求族内子弟关注社会民生，万不可骄奢淫逸。龙应时归田后并非全然不闻世事，而是时刻关注着社会民生，组织了各项慈善活动。其子龙廷槐（1749—1827）闲居乡中时曾组织筹集万两白银济贫救荒，也曾在盗匪滋扰乡里时统筹民间联防工作，为地方治理作出了卓越的贡献。张之洞（1837—1909）创办广雅书院时，龙廷槐之子龙元僖创办的青云文社捐献万两白银，促进了地方文教事业的发展。龙氏一门廉俭爱民的家族风气，实无愧于“清晖”二字。

如今，清晖园已经成为顺德区乃至佛山市的重要廉洁文化阵地。为了传承和弘扬龙氏一族的廉洁精神，顺德区政府和相关部门在清晖园内定期举办讲座、展览等各种活动。各大高校、单位等也时常组织前往清晖园开展廉洁教育，让更多人接过清廉之炬火，代代相传，生生不息。

清风名言

野情欣共对，接席兴偏长。
腊酒分溪碧，春蔬剪露香。
非山原足隐，能醉便成乡。
耕读吾家事，经畬敢或荒。

——〔清〕龙应时《早春与叔锡日、锡虞，弟声之、则之东园小集》

佛山梁园：
梁氏家族赤子好义

地理小志

佛山梁园，“岭南四大园林”之一，位于广东省佛山市禅城区，是佛山梁氏私家宅院的总称。梁院风格典雅，布局精妙，祠堂、园林、住宅浑然

梁园

一体，以奇峰异石为重要的造景手段，其秀水、奇石、名帖被世人称为“梁园三宝”。除园林风光外，梁氏家族的故事也使梁园熠熠生辉。居于此的梁氏族人乐善好施、艰苦奋斗、刚正不阿，书写了梁园中人的几代传奇。

溯古访廉

在广东佛山禅城区，一座规模可观的岭南园林赫然立于中心城区。站在这座园林的东部即可见其大门，门上挂着“梁园”二字，昭示着这座园林的主人归属。

佛山梁园，是对佛山梁氏宅园的统称。因其占地最广，且风景独具一格，故被誉为“岭南名园之冠”。嘉庆末年，梁蔼如（1769—1840）辞官回乡后在松桂里首创无怠懈斋，这是梁园可追溯到的最早历史。后来，梁蔼如的三个侄子相继建立寒香馆、十二石斋、群星草堂、汾江草庐，至咸丰初年，梁园已达到“一门以内二百余人，祠宇、室庐、池亭、圃囿五十余所”之规模。此后又有数次扩建，新建了汾江吟馆等一系列建筑，梁园的规模达到鼎盛。梁园在梁氏没落后逐渐倾颓，20世纪80年代始，佛山市政府对梁园进行修复。如今走入园中，漫游畅意湖边，韵桥倒影随波荡；缓步寒香馆内，诗酒风流伴风还。怪石奇绝依旧，群星草堂、荷香水榭、无怠懈斋、刺史家庙等景观无声地诉着从前的韵事，各处的楹联书画则展示着家族的诗礼传承与高洁气骨。

纵使清朝腐败衰落，纵使近代中国动荡不定，梁氏家族始终保持着出淤泥而不染的姿态，以赤子之心与清正之志谱写着梁家的传奇。在良好家风的熏陶下，梁氏一族人才辈出，有人功名显赫，有人创业从商，有人在诗文艺术领域取得亮眼的成就，亦有人选择远离官场、归隐园林。他们过着各式各样的生活，但大多却以不同的方式坚守着同一颗赤子之心。梁蔼如曾筹款二万七千余金以疏通河道、兴义学、修缆路等，梁九图在佛山饥荒时亲自赈粥，梁冠澄、梁禹甸参加“公车上书”欲救民族于危亡，梁敬熙在前往收复被反革命分子占据的会址途中被反动军警捕获后死不投降、以身殉国。在大义面前，他们全然把个人利益置之度外，钱财也好，生命也罢，皆可成为医这世道的药材。直至今天，梁氏后人依旧在社会各界活跃着。虽然他们并不居住于梁园，但却把梁园的精髓带往各处，赤诚而守清廉，博爱而有担当。

佛山梁园现已成为佛山市爱国主义教育基地，梁氏一族的赤子之心正通过更为多元的方式被更多人知晓。而那古老的砖瓦，见证了曾经亦见证着现在，见证着梁氏门风的赓续，一代又一代。

清风名言

冷逼梅魂夜气严，万花斗雪出重檐。
高枝时与月窥阁，落瓣偶随风入帘。

——〔清〕梁九图《雪夜寒香馆观梅》

番禺余荫山房：百年邬氏家风流芳

◆ 地理小志 ◆

余荫山房，又称余荫园，“岭南四大园林”之一，位于广州市番禺区南村镇，是清代举人邬彬修建的私家园林。该园于同治十年（1871）建成，以玲珑水榭、临池别馆、卧瓢庐和深柳堂为主体建

余荫山房

筑，以“藏而不露，缩龙成寸”的手法造就天人合一之特色。与此同时，余荫山房承载着丰富的廉洁文化。邬氏一门家风清正，坚守“修身齐家治国平天下”之道，其家训《邬氏家训》《治家要义》至今依旧激励邬氏后人坚守道义、清正廉洁。

溯古访廉

除清晖园、梁园外，“岭南四大园林”中还有一座园林亦蕴藏着丰富的廉洁文化——余荫山房。它是岭南古典园林之瑰宝，亦是廉洁文化的传承地。

同治六年（1867），邬彬（1824—1897）乡试中举，其族人便将建造祠堂剩余的三亩土地赠与他，他花了五年时间将其建成了余荫山房，这便是这座园林的由来。该园利用“藏而不露，缩龙成寸”的手法将众多园林元素一一纳入园内，巧用借景，又加入了些许西方建筑之特色，整体和谐而独特，令人称奇。该园环水而建，园中有“夹墙竹翠”“双翠迎春”“虹桥印月”“深柳藏珍”四大奇观，花木亭台与碧溪游鱼相映成趣，而满园的诗联与浓荫碧树共同营造出沉静典雅的书卷氛围，让人走入“客子光阴诗卷里，杏花消息雨声中”一般的诗画世界。

景物再美，有了“人”方才有灵气。与这如画园林相连的人文积蕴，是邬氏家族千年来代代清廉的良好家风。早在南宋咸淳七年（1271），就有邬鼐捐粮救荒之美事。至清代，则有邬彬的祖父邬鸣谦主持建设基础设施、捐粮救济乡民，邬彬捐款修建医院、学堂并与乡中士绅主持重修古庙，邬启祚施医赠药、捐款修路等。邬氏家族先贤根据儒家的“修身齐家治国平天下”的核心思想，撰写了《邬氏家训》与《治家要义》，时刻提醒邬氏后人为人处世当正直清廉、勤勉俭朴、光明磊落。这些家训至今依旧是邬氏后人的持家遵循，成了他们人生中十分重要的精神力量。

2020年9月，余荫山房家风家训廉洁文化基地正式落成，布局为“九个一”：一个勤廉书吧、一个家风学堂、一个家风家训廉洁文化主题展览、一个“时代榜样”家国情怀专题展、一条勤廉廊、一本廉洁文化读本、一部廉洁文化系列微电影、一套特色廉洁文创手信、一条廉洁文化观光线路。这一系列廉洁布局与雅致的园林建筑融合，达到寓教于景、寓教于乐的效果。如今，许多单位都会组织党员前往基地参观学习。

基地不仅在园区内对邬氏家风进行详细介绍，还借助互联网技术建立线上VR基地，使人们足不出户便如置身园林之中，并浏览家风相关的微电影、展览、书法作品等。邬氏家风的影响范围远不止于邬氏家族，随着科技的发展与时间的流逝，它将成为更多人的处世态度。

清风名言

贪之所得甚少，至所失则甚大，故凡遇财物应取则取，不应取则不可贪。传曰不贪为宝，此语可深长思也。

——〔民国〕邬屈氏《治家要义》

博罗莲苑公园：
巍巍罗浮涌青莲

◆ 地理小志 ◆

博罗莲苑公园，位于惠州市博罗县长宁镇，是惠州市东江廉洁文化教育基地的户外部分。它以莲花为主要意象，并融入罗浮山的廉洁文化与中医药

莲苑公园

文化，建设了“莲韵主题雕塑”“杏林典故”“洁颂主题雕塑”“医圣罗浮·葛洪主题雕塑”等系列景点，同时与基地的廉洁展厅相结合，使参观者在欣赏美景的同时能对廉洁文化有更深入的了解。

溯古访廉

“巍巍罗浮，孕天地浩然正气；悠悠东江，兴万载沧浪清波。”惠州市东江廉洁文化教育基地的前言中写有这样一副对联。2023年2月，东江廉洁文化教育基地正式开放。作为惠州市第一个以“廉洁”为主题的大型教育基地，它致力于弘扬廉洁文化、传播廉洁精神，建设了室外场地与室内展馆。博罗莲苑公园即为基地的户外部分，于此可切实感受到罗浮山的天地正气，吹拂东江清波携带的悠悠清风。

博罗莲苑公园的设计以“莲”为主要意象，园内景致清新雅致而富有韵味。莲，谐音“廉”，又有“出淤泥而不染”之特点，自古以来便是高洁、清廉的象征。“莫笑出青泥，心净还如许。一片琉璃照影空，常向波中住。”因此，该公园的景致围绕着“莲”，实是以“莲”喻“廉”，游者处处可感受尚廉之风。“莲韵”主题雕塑位于莲池中，夏日荷花开遍时，池中“众莲”围绕着独特的、以“廉”为寓意的莲花雕塑，颇有众星捧月之意。在莲池边有一小亭，对联写道“心之所欲不可恣，口之所欲不可随”，亦警示着游者当杜绝贪欲、坚守廉心。此外，还有“杏林典故”“洁颂主题雕塑”“医圣罗浮·葛洪主题雕塑”等系列景观立于各处供游者观赏、了解，游者足以在闲适的赏玩中接受清风的洗礼。

莲苑公园与廉洁展馆一体两面，共同讲述先贤的廉洁事迹。东晋时期的名医葛洪（约281—341）有施药惠及民生之义举、砍柴换纸笔之廉行，晚年于罗浮山隐居，炼丹修行，著书讲学；明代的叶春及（1532—1595）任福建惠安知县伊始便将“止迎、禁供俱、偿舆马价”三条告示广而告之，为官时亦一心为民、刚正不阿，后因得罪权贵归隐罗浮山，于此读书讲学，受举荐后跑到清溪边洗耳明志，这便是罗浮山“洗耳泉”的由来。此外，基地内还展示了车邦佑（1507—1548）、张津（1464—1518）等博罗当地廉吏的生平事迹。在这里，人们能看到从古至今许多清廉之士的故事，他们都曾在惠州留下了永不泯灭的烙印，其精神如汩汩清泉，至今依旧润泽着这片土地。

自基地建成后，便有许多单位组织党员前去参观。人们在室内展厅了解完一个又一个动人心弦的故事后，走入莲苑公园再度与天地相接，踏在先贤曾为之奋斗的土地，或许会有更深刻的体悟与更坚定的抱负。天地之浩然正气，在此长存。

清风名言

目之所好，不可从也；耳之所乐，不可顺也；鼻之所喜，不可任也；口之所嗜，不可随也；心之所欲，不可恣也。

——〔东晋〕葛洪《酒诫》

叁

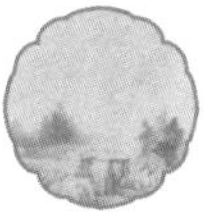

胜迹廉风

潮州韩文公祠：
韩愈治潮万古名

地理小志

潮州韩文公祠位于广东省潮州市湘桥区东兴北路，是我国现存最早、保存最完好的纪念韩愈的祠宇。元和十四年（819），韩愈被贬潮州，在任

韩文公祠

期间清廉有为、勤勉务实，做了许多造福百姓的实事，深受百姓爱戴，有“赢得江山都姓韩”之誉。该祠始建于咸平二年（999），面朝韩江，背倚韩山，祠内留存数十面历代碑刻，是了解潮州文化历史、传承韩愈廉洁精神的重要阵地。

溯古访廉

“阳山字子潮山姓，五岭声名草木知。”三百余年前，一位潮州诗人探访韩文公祠时写下了这句诗，虽然“草木知”有夸大之嫌，但“阳山字子潮山姓”所言不虚。韩愈（768—824）曾被贬为潮州刺史，此后潮州便有了“韩山”“韩江”“昌黎路”等一系列与他相关的地名。而这背后的原因，在韩文公祠中或可寻到答案。

潮州韩文公祠位于韩山麓的韩江畔，至今已有千余年历史。为纪念韩愈在潮期间的出色政绩与文化贡献，咸平二年（999），潮州通判陈尧佐（963—1044）于金山麓修建韩吏部祠，在经历一次迁移后又于淳熙十六年（1189）迁至现址，此后八百余年未曾迁徙。该祠主体建筑分为前后二进，“天南碑胜”名家书法长廊、“韩文公祠”石牌坊等人文设施与假山、修竹、绿荷、芭蕉等自然景观相得益彰，让人在陶醉于中国古典之美的同时了解韩愈的为政事迹，感受古代廉吏的清正风骨。

在潮州任上，韩愈廉洁自守，勤于政务造福百姓，留下了千古美名。刚到潮州时，恶溪鳄鱼成灾，韩愈便组织百姓驱鳄，成效斐然，并以此为契机写下《祭鳄鱼文》批判贪官污吏，用文字实现“载道”的目标。到任后，上司孔戣担心他俸禄不足，提出每月为他提供“别给钱”（额外补贴），韩愈却以一封《潮州谢孔大夫状》断然拒绝了。此外，他还在潮州兴办教育、发展农业、兴修水利等，极大地改善了潮州百姓的生活。虽然韩愈只在潮州待了八个月，但离开潮州后，连山水都被冠上了他的名字。此后，一代代潮州官吏都以韩愈为标杆，直至今天，他依旧是潮州官员的模范，依旧活在潮州人民的心里，从未远去。

2010年，韩文公祠被列入全国第一批廉政教育基地。该基地主要通过石雕壁画长廊和韩愈勤政廉政展览馆两个部分向前来参观的人们普及韩愈的清廉故事。石雕壁画长廊围绕着苏轼在《潮州韩文公庙碑》中的评语“文起八代之衰，而道济天下之溺；忠犯人主之怒，而勇夺三军之帅”，分四个部分向世人展现出韩愈高大而鲜活的形象；韩愈勤政廉政展览馆则设有“勤政廉政的唐代官员典范——

韩愈”“韩愈文化的传承”两大专题展，依照其人生脉络刻画出他的清廉正直、一心为民。与此同时，该基地还融入了潮绣、泥塑等多种民间工艺元素，在传递清风的同时亦传播着当地文化。

“不虚南谪八千里，赢得江山都姓韩。”韩山、韩江都是无声的见证者，与时间一道，见证着韩文公的精神在千百年依旧光焰不减，熠熠生辉。

◆ 清风名言 ◆

雪霜贸贸，荠麦之茂。子如不伤，我不尔觏。

荠麦之茂，荠麦之有。君子之伤，君子之守。

——〔唐〕韩愈《猗兰操》

茂名化州孔庙：
“儒家八德”千古事

地理小志

茂名化州孔庙，又名学宫、文庙，位于化州市宝山南侧，是粤西地区规模最大、保存最完好、历史最悠久的孔庙，原为化州古州郡的文教中心，包括崇圣祠、东庑、西庑、大成殿等一系列建筑。这

化州孔庙

座孔庙承载着流传千古的儒家思想，从中走出了不少清廉儒者，如明代名臣杨一清。如今，化州孔庙已成为当地的廉政文化教育基地。

溯古访廉

“千年礼乐归东鲁，万古衣冠拜素王。”化州孔庙的历史最早可追溯至嘉定二年（1209）州守迁至州治南阙的旧学府，此即孔庙的雏形。后经元、明两朝的迁移与重修，孔庙的规制于清嘉庆年间最终确定。孔庙建筑群规模庞大，占地一万多平方米，坐北朝南、前低后高，其主要建筑如崇圣祠、乡贤祠、东庑、西庑等均以大成殿为中心成对称分布，规整而庄严。大成殿共五间六楹，其石作、壁画、脊饰等具有极高的艺术价值，化州孔庙因而有“南粤古建筑明珠”之美誉。

在这座孔庙中，游者可追溯儒家沉淀千年的思想瑰宝。“孝、悌、忠、信，礼、义、廉、耻”是孔子德育观之精髓，作为“儒家八德”成为主流道德规范。化州孔庙里的青云路为全国特有，是为了纪念明朝内阁首辅杨一清（1454—1530）而修筑。杨一清聪敏好学，从小浸润于儒家文化中，一生坚守着儒家的高尚情操，从政五十余年从未动摇。受命督理陕西马政时，他对当地边防进行整顿，打击贪腐，嘉奖廉吏，并通过一系列措施复兴茶马贸易。明武宗即位后重用以刘瑾为首的宦官“八虎”，刘瑾借机窃据国家军政，残害忠良、培植党羽、横征暴敛、贪污受贿，可谓无恶不作。杨一清借着平定安化王之乱一事揭发刘瑾，又说服内阁首辅率一众大臣一同上书，为扫除奸臣作出了决定性的贡献。杨一清的名字被永远地刻在了史书上，而他在孔庙求学时所行之路，成了化州孔庙的“青云路”。

近年来，化州市致力于打造当地特色的廉洁文化品牌，孔庙廉洁文化教育基地被化州市列为“橘洲清风”廉洁文化阵地旅游路线的其中一个站点，化州孔庙的廉洁文化因而得以被更多人知晓。在组织各单位党员、团员进行参观的同时，化州市还努力推进传统“八德”进校园、进村（社区），掀起新时代的廉洁清风。关于化州孔庙的故事和孔庙中涵养的优秀传统文化，一道随着“廉洁文化进校园”走入千万学生的心中，待他们成长为国家的一代栋梁，这股清风将遍及各处，走入千家万户中。

从古至今，孔庙一直是弘扬儒家传统文化的重要阵地。在这历史悠久的建筑群中漫游，或可感受到历史的心跳，听到来自百年千年前的声音，触碰高洁而伟岸的灵魂。

清风名言

雉堞连云十里城，将臣开府此屯兵。
山连虎阵千年固，地接龙沙一掌平。
塞上马嘶春草绿，村中人和凯歌声。
只因边徼无烽火，忘却关山是远行。

——〔宋〕杨一清《将至凉州》

东莞却金亭碑：李恺却金不受

◆ 地理小志 ◆

莞城却金亭碑，位于广东省东莞市莞城区北门外光明路与教场街交界处，立于嘉靖二十一年

却金亭碑

（1542），并于万历二十四年（1596）重修，记载着嘉靖十七年（1538）番禺县尹李恺“却金不受”的故事。2006年，莞城文化部门在碑上修建了木石结构的仿古亭子以保护却金亭碑。

溯古访廉

在东莞老城区，有一座带有些许风雨痕迹的木石亭子，亭中有一块大石竖立，走近则会发现这块石头实为碑刻，上面雕有云海花纹，又有篆体碑额与楷体正文规整地刻于碑上，无声地诉着明代番禺县尹李恺（1517—约1598）的廉洁故事。

李恺，字克谐，号抑斋，是明代著名的廉吏之一。彼时的社会贪腐成风，民不聊生，而他每到一处任职便“平刑释冤，务省徭役，薄收赋税”，百姓的生活因此有了极大改善。而最令人铭记的，是他“却金不受”的故事。嘉靖十七年（1538），携国王引信和货物的暹罗（今泰国）商人柰治鸦前来东莞港，希望能进行通商贸易。当时的海内外贸易进出口手续十分繁冗，相关官员常常从中谋取私利。彼时李恺担任番禺县尹，在主持外贸相关事宜时提出应简化进出口管理与手续，“不封舶，不抽盘”“无额取，严禁人役，毋得骚扰”。这一做法让暹罗商人十分感动，他们自愿赠金两百作为回报，李恺再三推辞，坚决不受。这一做法让商人们更为动容，因此他们要求将这批银两用以筑亭立碑，作为对李恺廉洁奉公、坚守原则的表彰。这便是李恺“却金不受”的来龙去脉。

嘉靖二十年（1541），在获得批准后于演武场之南（即现莞城教场街与光明路的交界）建“却金坊”，立“却金碑”。次年，在东莞知县蔡存微的提议下，此地又设立了却金亭并置却金亭碑。随着海陆变迁，东莞的地貌发生了较大变化，曾经的历史遗迹亦随之更移，却金亭原址只留下一块石碑。2006年，莞城文化部门在仅有的这块石碑上修建了一座仿古亭，这块石碑从此不再受风吹雨蚀，碑上所记载的事迹也因而得以流传更久更广。同年，这块碑被列入第六批全国重点保护单位。

近年来，东莞市正深入推进文化强市建设，致力于提高东莞市文化软实力。2015年，东莞历代碑刻拓片结集出版，岭南美术馆为此举行碑刻拓片展，却金亭碑作为重要碑刻被大篇幅介绍。2023年6月，“东莞记忆”项目正式启动，对承载东莞古城历史的载体进行改造，却金亭碑即为其中之一。如今，却金亭碑已成为一处独具特色的人文景观。

清风名言

翠华西幸朔河空，独赖睢阳有二公。
共守孤墉心似铁，誓吞逆虏气如虹。
邮亭叶落秋声外，古木鸦啼夕照中。
庙貌至今犹俨雅，令人千载仰英风。

——〔明〕李恺《双忠庙》

普宁文昌阁：

林则徐青史贯长虹

地理小志

普宁文昌阁，位于广东省普宁市洪阳镇，始建于康熙六十年（1721），并于同治十一年（1872）重修，不仅用于祭祀文昌神像，亦为经临普宁使节停驻的分司公馆。1850年，中国近代伟大爱国主义者、禁毒先驱林则徐抱病赴广西巡抚就任

普宁文昌阁

途中于此停驻，并在此病逝，文昌阁因此成为爱国主义教育基地和禁毒教育基地。

溯古访廉

“苟利国家生死以，岂因祸福避趋之？”完成抗英禁烟后不久，林则徐（1785—1850）受诬后被贬，远戍伊犁前夕，他写下了这样一句豪言壮语，却也成了他的谶语。道光三十年（1850），林则徐以钦差大臣的身份抱病驰赴广西镇压金田起义，在途中病入膏肓，与世长辞，死在了为国尽忠的路上。

那一天，他在普宁文昌阁走向了生命的终章，这个地点由此而独一无二。文昌阁，由知县罗秉琦组织兴建。该建筑坐北朝南，呈现为三进九间双天井布局，整体风格古朴大方。文昌阁的最初用意是祭祀文昌神像，又兼作过往官员的歇脚处，故林则徐在赴任途中会于此驻足。若非林则徐，文昌阁至今或许只是一座具有历史底蕴的普通庙宇。而由于这是林则徐病逝之地，从此它便承载着林则徐清廉正直的精神力量。

林则徐最为人称道的故事莫过于“虎门销烟”。道光十八年（1838），他作为钦差大臣前往广州查禁鸦片，在途中即拟就“五不准”原则，禁止了办酒席、赠礼品、惊动百姓、送钱给随行者、安排华丽住房这五项奢靡行为。其间，英国代表曾赠他烟具，亦被他拒绝，英人大赞“林钦差的手没有被贿赂玷污过”。此前，他曾任江南监察御史，有人借献花之机送他金老鼠，他立即上缴国库并撤职查办送礼者。数十年为官，他“产微息薄，非俭难敷，各须慎守儒风，省啬用度”，始终坚持俭朴的生活作风，清廉之心至死不曾动摇。

为纪念林则徐，文昌阁于2006年再度修复，并被建设为普宁市林则徐纪念馆和禁毒教育基地。文昌阁二进厅设有禁毒教育图片展览，后阁楼则被打造为林则徐纪念馆。在一楼正面，题为“乾坤正气”的匾额赫然醒目。中厅中堂之上，一尊林则徐铜像昂然挺立，尽显英雄气魄。东厢房为林钦差驾鹤西去之地，陈列着一些其生前日用品、文具等。通过这些陈设，观者不仅能对禁毒知识有更深入的了解，亦能够感受到林则徐的爱国热忱与清廉风范。

近年来，到文昌阁参观的游客络绎不绝。他们在这里了解这位民族英雄的生平，触碰他生命陨落的地点，站在他曾站过的土地，呼吸他曾呼吸过的空气。清风起时，浩然之气自在游者心中激荡。

清风名言

流光代谢岁应除，天亦无心判菀枯。
裂碎肝肠怜爆竹，借栖门户笑桃符。
新幡彩胜如争奋，晚节冰柯也不孤。
正是中原薪胆日，谁能高枕醉屠苏！
——〔清〕林则徐《伊江除夕书怀四首·其三》

江门陈白沙纪念馆：圣代真儒垂训后世

◆ 地理小志 ◆

陈白沙纪念馆位于广东省江门市蓬江区白沙大道西37号，20世纪90年代以白沙祠为主体扩建而成，是一座以保护明代古建筑群为主体的庭院式历

陈白沙纪念馆

史名人纪念馆。陈白沙，即陈献章，明代著名教育家、书法家、思想家，不仅才华横溢、学识渊博，还廉俭守道、贤德有为，被誉为“岭南一人”。

溯古访廉

“道传孔孟三千载，学绍程朱第一支。”这幅挂在崇正堂内的对联高度提炼了白沙先生的一生。陈献章（1428—1500），字公甫，号石斋，世称“白沙先生”，是明代心学的奠基者、广东唯一一位从祀孔庙的大儒。陈白沙纪念馆即为纪念他而建，较为详细地展示了他的生平与成就。

陈白沙纪念馆占地面积达1.8万平方米。1993年，恰值陈白沙诞辰565周年之际，江门市人民政府决定以陈白沙祠为主体进行扩建工作。1996年至2000年，江门市先后完成了两批建设工程，陈白沙纪念馆的规模就此定型。纪念馆的正门是一座石头牌楼，上方写着“陈白沙纪念馆”六个大字，两边还镌有一对楹联：“哲理绍程朱，紫水黄云兴邑里；真如传孔孟，光风霁月耀江门。”进门后是陈白沙的铜像，铜像前是湛若水（1466—1560）书写的“千秋仰止”四字。铜像后方是木石牌坊，再往里走为用以祭祀陈白沙先生的崇正堂，正中供奉着先生的塑像与两位夫人的灵牌。此外，纪念馆还有书画廊、碑廊以及怀沙亭、嘉会楼、荷花池等一系列建筑。漫步其中，既可感受到一代大儒所带来的书卷气息，亦能感受到庭院式建筑所具有的意境之美。

世人皆知陈白沙的理学与书法成就斐然，而他的清廉却少有人提起。据载他十分憎恶贪腐之人，曾言“贪官污吏侵渔百姓，甚于盗贼”“必痛惩一二贪渎，然后法行之可久也”。都御史曾令番禺县每月给他一石米，陈白沙亦拒绝了，“有田二顷，耕之足矣”。居庙堂时，他亦不屑攀附权贵，始终坚守本心。名扬京城后，他拒绝了六七次侍郎尹旻（1422—1503）让儿子拜他为师的要求，彻底得罪了尹旻。据推测，之后陈白沙的科举试卷被扔入水中一事便与此有关。在这样的官场中，陈白沙的刚正端方成了他的软肋，然而他却毫不动摇，以磊落之襟怀昂然面对污浊的现实，“不吾知其亦已兮，苟余情其信芳”。

如今，陈白沙纪念馆不仅是一处旅游景点，也是江门市廉洁教育的重要阵地之一。江门市各级党组织经常组织党员干部到纪念馆参观学习，在提高其人文素养的同时，培养党员们廉洁从政、廉洁修身的意识。白沙先生的廉洁之行正在被越来越多的人知晓，在世人眼中，他不仅是理学大师、书法名家，亦是清廉名臣、刚直儒者，如此磊落，如此坚毅。

清风名言

藜藿可养生，柏棺可送死。
瓦砾是黄金，贪泉亦清泚。
饮水心不易，岂独夷齐尔。
山鬼笑侬家，侬家笑山鬼。

——〔明〕陈白沙《贪泉》

肆

古村仰贤

博罗车村：
车氏家族忠孝传世

地理小志

车村位于惠州市博罗县，是一座有着近千年历史、独具文化特色的古村。车村内，古朴雅致的人文建筑与清新美丽的自然风光和谐统一，车氏宗祠、太昌围屋居民遗址、清风廊等景致共同构成了“修旧如旧”的御史文化园。车氏家族悠长的诗礼

车村的清风廊与车邦佑故居

仕宦历史，及车邦佑忠孝廉的“御史精神”，也得以在此相得益彰，润泽一方。

溯古访廉

漫步于古村落中，不仅可以观察村内建筑承载的岁月痕迹，更能领略村落自古以来培育出的文化精神。博罗县车村以车姓建村而得名，是车氏家风精神传承发展的文化空间，将其忠、孝、廉的家风淋漓尽致地展现出来。

车村毗邻东江古道，始建于南宋，至明朝已发展成一个兴盛之村。车氏十三世祖车邦佑（1507—1548），居“惠州晚明四御史”（车邦佑、曾守约、曾舜渔、利宾）之列，清正耿直，政声显著。作为车邦佑故乡的车村，也由此声名远扬。车氏族谱记载，车邦佑因有功于朝廷得以奉命回乡建祠，在原只有上下两栋的车氏宗祠之间建造中间栋，并增题“家庙”牌匾。

车邦佑从小志存高远，勤学苦读，嘉靖十四年（1535）中乙未科进士，初授山东行人司行人，后担任浙江道监察御史、北京巡城都御史等官职。

都察院设立于明代，“职专纠劾百司，辨明冤枉，提督各道，为天子耳目风纪之司”。车邦佑为官期间主要担任的官职，正是都察院内的监察御史。在任上，车邦佑不惧强权，尽忠职守。嘉靖二十年（1541），武定侯郭勋攀附权贵，仗势凌人，更勾结朋党谋私作威。彼时，身为京城五城御史的车邦佑见朝中多人弹劾郭勋未果，总结经验，先行于京城之内暗访，收集郭勋贪腐谋私的确凿证据，从而顺利弹劾扳倒腐败的郭勋团伙，维护了朝廷的清朗风气。

守清护廉，对于御史车邦佑而言，既是职守所忠，也是律己之道。忠诚与廉洁的一体两面，也在车村车氏精神中萌芽生长。在御史故事的传承中，在车氏宗祠不断的修缮中，忠廉精神持续润泽后世。

如今，车村以车邦佑忠孝廉的“御史精神”为支点，建设独具特色的御史文化园。其中，历经六百多年风雨的车氏宗祠，藏有丰富的车村历史材料，设有铭刻忠廉祠训的石碑牌匾；古色古香的清风廊，讲述着“惠州晚明四御史”的故事；宗祠旁设品洁亭，刻有楹联：“且有尘俗出尘外，独品菊香醉菊旁。”廉洁精神与历史文化，通过景、物、文等多元方式铭刻表达。而御史文化园作为惠州市第一批廉洁文化教育基地，也成为游览者清心养廉的绝佳场所。“囊萤照读，忠孝传家……”，如今车氏宗祠祠训上的话已渐成车村人的精神内核，用于教诲子弟读书与做人，激励后人奋发图强。

清风名言

汉朝初授姓，囊萤照读，诗书继世振家声；
宋代始开基，豸史流徽，忠孝传家绵世泽。

——车氏宗祠对联

仁化恩村：清风千年“五马坊”

地理小志

位于韶关市城口镇的恩村，依山傍水，民居古朴，富有南岭地区特色，又兼容粤北湘南建筑风格。恩村始建于元丰七年（1084），在悠长深远的历史传承中，多数传统建筑得以保留。旧有宗祠共七所，现存四所。古牌坊众多，其中，明英宗赐

恩村

建、用以表彰蒙禄昌居官贤廉的五马坊，正是恩村清风吹拂千年的明证。

溯古访廉

一乡一景，一村一风。韶关恩村以其古朴典雅的乡风，滋育大批登科及第者，他们的诗礼与仕途生活，与廉洁清明相伴，更助力恩村风貌的进一步发展。御赐而建、表彰廉政的五马坊，便是展现恩村风貌的核心景观。

五马坊为恩村现存的众多古牌坊之一，同其他牌坊一样，五马坊是恩村蒙氏家族之兴盛的见证。蒙氏族谱记载，宋元丰年间，恩村蒙氏始祖蒙念四自江西来到韶州经商，择恩村为居处。第三代族人蒙天民首开科甲，从此蒙氏家族簪缨不绝，廉风不断。“仁化功名坊表有十，恩村独占其五”，其中，五马坊是纪念表彰族人蒙禄昌的一座御赐功名坊。

蒙禄昌，为蒙氏家族的八世祖。明朝天顺年间进士，历官衡州、桂阳州知州。在任上，蒙禄昌以民为本，多举贤政，始终廉洁奉公，不贪分毫，政绩卓著，清名远扬。明英宗为表示对蒙禄昌贤明清廉之品行的嘉奖，特赐建五马坊，还同时赏赐了两副名家撰写的楹联。相传，五马坊初建成时，题匾中的“馬”字只有三点，蒙禄昌将此缺笔解释为行进的马匹始终有一条腿悬空，寓意他将不断向前奔跑。

在勤学进取、清正居官的道路上不断前进，实际上也是恩村蒙氏发展的写照。蒙氏一族数代书香，仕进不断，各式古牌坊与祠堂家庙也随之修葺建立。在千百年贤廉文化的熏陶洗礼下，恩村的传统建筑自带幽静古韵，呈一份清正高格。除了颂贤廉之德的五马坊，还矗立着进士坊、观光坊、登选坊及登第坊等古牌坊，纪念表彰更多刻苦治学、刚正为官的蒙氏族人。同时，现存的四所蒙氏宗祠，即世科祠、功德房祠、长房祠、二房祠，承载了恩村千年的悠长历史记忆，以耕读传家、忠孝廉节的乡风家训熏陶感化恩村后人。

作为第五批中国传统村落、韶关市“文明村”，恩村将古宅改造为村史馆，修葺相关历史建筑，大力弘扬蒙禄昌、蒙天民等一批廉吏乡贤的廉洁爱民故事及优秀家风家训，让廉洁清风吹拂千年，连绵不绝。

清风名言

义路礼门东蒙规矩，

入孝出弟安定风声。

——恩村门楼楹联

文笔峰，罗带水，左右来龙，形胜固超岭表；

襄阳节，桂州廉，后先接踵，人才更擅东邦。

——恩村蒙氏家庙对联

顺德北滘碧江村：
文乡雅集苏家祠

◆ 地理小志 ◆

碧江村位于佛山市顺德区北滘镇，至今已积淀逾千年的悠长历史。村内古韵悠悠，既可见职方第、金楼等具有典型岭南地方风格的民居，又保留

碧江金楼

有慕堂苏公祠、五间祠等宗祠建筑。这些古建筑见证了碧江村人功名仕途的荣耀，也形成碧江村典雅清正的风貌，历经千年而不变。

溯古访廉

一方水土养一方人。顺德碧江村，无疑是崇文重教、诗书继世的宝地。《顺德县志》载，从明景泰三年（1452）建县至清代中叶，碧江村出了17名进士，而中举仕子更达106名以上。这些清正廉明的仕子，致仕后往往还乡建祠修第，在碧江村留下了大量传承乡训家风的祠堂与宅第建筑。

“顺德祠堂南海庙”，在碧江村现存的20多座祠堂中，近一半为当地望族苏氏之祠。苏氏先祖于南宋时期建村碧江，自此在碧江村繁衍生息，日益壮大。通过科举选拔走出碧江的苏氏族人，居官清正，严于家风，且不忘将此风传承发扬，陆续在家乡修建尊明苏公祠、苏氏大宗祠、慕堂苏公祠等家族祠堂，内敛雅正的碧江乡风与苏氏家风也就因此一并流传下来。

族中翰林苏葵（1450—1509），是苏氏修祠者的代表人物。为官任职，苏葵始终奉公守正。在担任会试同考官期间，有权臣希望结识苏葵，为他人疏通关节。苏葵坚定拒绝，抱定公正之心。后其在地方任提学佥事，面对作威不法的镇守太监董让，苏葵依然守正不屈，不为个人谋私利，亦不畏不谄权贵。如今，苏葵的廉德正心，已化为家乡碧江村一阵清风。《苏氏种德堂永德记》记载，成化十九年（1483），苏葵与苏仲在村北择地，修建苏氏大宗祠，命名为“种德堂”，可见其对后人清操自守、修心养德的期望。

如今，顺德碧江村仍然保留有部分碧江仕子所建的宅第宗祠。留存清代家塾痕迹的宅院职方第，传承碧江人勤耕苦读的进取精神。而碧江现存年代最古老的尊明苏公祠，以及峭岩苏公祠、慕堂苏公祠等，则将碧江苏氏廉明清朗的仕风代代相传。苏氏大宗祠现已不存，在其遗迹上，建起了碧江承德公园，将碧江雅正的乡风融汇于生活日常与自然风光中。

这座素有“文乡雅集”之称的岭南文化古村，近年来还获评为“中国历史文化名村”与“中国传统村落”，以其悠久独特的文化与乡风，清涤来客的心灵。

清风名言

廉耻于人要谨存，不存须自究其端。

解将富贵轻轻看，自得云为入善门。

——〔明〕苏葵《廉耻》

视履考祥，退让明理。

——碧江村职方第牌坊门额

大埔上寨村：
朱熹后裔勤勉治学

地理小志

上寨村位于梅州市大埔县南端，是光德镇最西部的一座小山村。在青山环抱之中，南宋政治家、理学家朱熹的后裔建村扎根，也将先祖为政廉明、治学勤勉的精神传承发扬，修建落成朱熹文化园及村史馆。朱熹文化园的建设，不仅弘扬了朱熹为政

上寨村的朱熹文化园

治学的精神，还推动地方廉洁文化与乡村振兴的协同发展。

◆ 溯古访廉 ◆

上寨村群山环绕，位置偏僻，却并非只是一个寻常的偏远小村。上寨村族谱记载，上寨村村民悉为南宋理学家、政治家朱熹的后裔。正是朱姓子孙对先祖朱熹为官治学精神的高度把握、一心传承，造就了上寨村独特的乡村景观与精神文明。

据史料记载，400多年前，为了躲避战乱，朱熹第十五世孙有兄弟二人携眷带亲，自福建平和出发，跋山涉水，奔波辗转，来到了上寨村这座与世隔绝的小山村。朱氏一族在这里扎下了根，而朱熹的家风正气也在此吹拂。

朱熹（1130—1200），世称晦庵先生，徽州婺源（今江西婺源）人，是南宋著名的理学家、政治家、教育家。他自少年时期便流露出清廉之志。19岁中进士后，朱熹回到婺源祭祖扫墓，行至“廉泉”，观瞻甘洌清澈的泉水从石缝中汩汩流出，他有感而发：“颠簸不失志，贫贱亦清廉。”此后宦海沉浮，朱熹始终公私分明，不贪锱铢，宁愿固守贫穷而居所不定，也不愿受宰相赵汝愚为其盖建房屋的好意，唯恐占用半分公家资源。除了恪守清廉，朱熹晚年写就的《朱子家训》中，还对诗书治学的家风有着重强调。这些精神都为上寨朱姓子孙吸收接纳，积极践行。四百年来，上寨村中涌现出恩进士四人、贡士一人，秀才更是数不胜数。

近年来，上寨村积极进行廉洁文化建设，建造朱熹文化园与上寨村村史馆。在朱熹文化园中，设有朱熹生平事迹、精神理念的介绍，亦有朱熹后人功绩的记录，显示清廉家风与优良政绩的相融相生。而村史馆则如同“时空隧道”，通连古今，展现村落发展变迁的历史，也折射出朱子精神如何为其后裔所传承发展，成为如今上寨村的文化核心。

除了修馆纪廉，上寨村在每年正月初四还设有集体祭祖仪式，村民所推举的教师会带领村内儿童朗读《朱子家训》，共同学习其中蕴含的道理与规范，也培育勤学乐学的优良风尚。

如今，勤学廉政的朱子精神，是上寨村盘活历史文化资源、打造乡村文化品牌的强力支点，也由此代际相传，不断给后人以启示。

清风名言

见不义之财勿取，遇合理之事则从。

诗书不可不读，礼义不可不知。

子孙不可不教，童仆不可不恤。

斯文不可不敬，患难不可不扶。

守我之分者，礼也；

听我之命者，天也。

——朱熹《朱子家训》

郁南兰寨村：林氏一族家修“十德”

地理小志

位于云浮市郁南县连滩镇的兰寨村，东临南江，自然风光秀丽宜人。兰寨村内，修设正己路、正己学校、兰寨家风展示馆（十德第）等文化场所

兰寨村

与建筑，均特色鲜明、立意显著，与兰寨村世代相传的“正己”家风相得益彰。

溯古访廉

兰寨村素有“自然古画”之美称，坐拥秀丽的自然风景与保存完好的古建筑群。在这幅美丽“古画”的背后，更有一股清风正气自古通今，连续不息，这正是兰寨林氏代代相传、历久弥新的修身克己精神。

据史料记载，兰寨林氏的始祖林正己，在万历十六年（1588）与其家人从福建来到郁南。自小饱读诗书的林正己，不仅对孩子的学业要求严格，对他们的德行修养也同样树立高标。在林正己的教导下，五个儿子各有所成，并根据父亲所授的林氏祖训十德，整理总结出了十条林氏家训：“崇孝道、睦宗族、重教养、齐家政、正礼节、务读书、明德性、谨言语、慎交友、处世事。”从此，十德家训便成为兰寨林氏的“必修课”，告诫乡民，无论做人还是居官，都应当行走在尊德重教的正道之上。

时光流转，林正己后人、晚清秀才林葆初接过“接力棒”，积极进行兰寨林氏的家风、乡风建设。林葆初将原有宅基扩大重建，落成三进大屋，取名“十德第”。同时，他还请匠人将其亲手书写的《朱子治家格言》，雕刻在十德第中厅门楣的壁画侧。

林葆初还延续了兰寨村重视教育的乡风，作为族长，他带头捐赠和发动乡里募捐，经过多方筹资，最终建成了连滩镇第一所乡村学堂——正己学校。此名既是纪念兰寨先祖，也为告诫学生，时刻不忘“正人先正己”。

近年，十德第经修转化为兰寨家风展示馆，这间逾80岁的古屋又焕发出勃勃生机。展示馆以廉洁文化为主题，设“周武赐姓　林氏肇始”“正己植兰　百世流芳”“十德传家　林氏祖训”“润物无声　国韵家风”“林氏后人　弘扬家风”共五个展览部分。

以兰寨家风展示馆为核心，加以正己路、正己小学等廉洁文化景观，郁南县打造出既存历史、又呼应当下的兰寨廉洁文化教育基地，积极投入农村基层党风廉政的建设当中。兰寨家风展示馆，也先后被列为云浮市廉洁文化教育基地、郁南县廉洁文化农村示范地，吸引众多单位或个人前去参观学习。

清风名言

积善积德胜积钱，

教子教孙须教德。

——原“十德第”大门楹联

北廓未高谢眺望，东溪窃比杜陵廉。

——兰寨村对联